죽음을
선택하기
전에

죽음을 선택하기 전에
이 책은 『이 고통을 멈출 수만 있다면』을 개정한 것입니다.

© 생명의말씀사 2009, 2019

2009년 11월 25일 1판 1쇄 발행
2019년 3월 29일 2판 1쇄 발행

펴낸이 | 김재권
펴낸곳 | 생명의말씀사

등록 | 1962. 1. 10. No.300-1962-1
주소 | 서울시 종로구 경희궁1길 5-9(03176)
전화 | 02)738-6555(본사) · 02)3159-7979(영업)
팩스 | 02)739-3824(본사) · 080-022-8585(영업)

지은이 | 김민정

기획편집 | 서정희, 서희연
디자인 | 김혜진
인쇄 | 영진문원
제본 | 정문바인텍

ISBN 978-89-04-09054-9 (03230)

저작권자의 허락없이 이 책의 일부 또는 전체를
무단 복제, 전재, 발췌하면 저작권법에 의해 처벌을 받습니다.

자살을 생각하는
이들에게 보내는
소망의 편지

죽음을
선택하기
전에

죽고 싶다는 생각이 들 때
풀어야 할 8가지 오해

추천사 Before you decide to die

직장인들은 대부분 마음에 사직서를 품고 다닌다고 합니다. 항상 끝내고 싶은 마음이 있는 것이지요. 그래도 아직 직장을 다니는 것은 퇴사의 이유보다 더 큰 것이 있기 때문일 것입니다.

대한민국 사람들은 대부분 마음에 유서를 품고 삽니다. 어느 설문 조사를 보니 지난 1년간 자살 충동을 느낀 사람이 20%가 되었습니다. 지난 1년간 20%라면 대부분의 사람들이 한 번쯤 자살을 생각해본 적이 있다고도 볼 수 있습니다. 그런데 이렇게 살아 있는 것은 더 큰 이유가 있기 때문입니다.

이 책은 바로 그 이유를 알려줍니다. 죽을 수밖에 없는 수많은 이유로 17층 난간에 섰던 분이 그 난간에서 내려와 살아야 할 이유를 나열하고 있습니다. 그 이유를 하나하나 고리로 엮으며 살아온 것이 이제 19년이라고 합니다.

오늘 이 책은 마음에 유서를 품은 사람들에게 삶의 이유를 찾고 거기에 고리를 묶는 법을 알려줄 것입니다.

_ **조성돈** (실천신학대학원대학교 교수, 기독교자살예방센터 라이프호프 대표)

들어가는 말

그때 내가 모든 귀를 닫아버렸다면,
지금 이 많은 축복을 받아 누리지 못했을 것이다.
지금 당신 앞에 있는 확실한 불행을
부인하는 것이 아니다.
당신은 확실히 불행하다.
그러나 미래는 아닐 수 있다.
지금 당신의 불행은 단정지을 수 있으나,
미래 당신의 불행은 단정지을 수 없다.
우리의 오류는 이것이다.

잘 찾아보면 감사할 것이 있다고,
생각만 바꾸면 된다고 말하고 싶지 않다.
아무리 생각을 바꿔도
견딜 수 없는 고통은 있기 마련이니까.

Before you decide to die

만약 지금 내가 19년 전의 그 순간으로 돌아간다 해도
그때보다 잘 견딜 것이라 자신할 수 없다.

다만, 그때는 몰랐다.
나에게 미래가 있다는 것을,
내가 꿈꾸던 것들이 조금 늦게 온 것뿐이라는 것을,
아니, 내가 꿈꾸던 것들을 이뤄가는 과정이라는 것을.

내가 예상하지 못한 방식으로
다가온 나의 인생을
어떻게 처리할 줄 몰라 너무 당황했다.
나만이 아니라 우리는 모두 그런 방식으로
인생을 살아간다.

예기치 못하게 닥친 불행 앞에 어쩔 줄 몰라 하며

깔딱깔딱 숨차게 고비를 넘긴다.
너무도 확실한 실패와 좌절 앞에
아주 당연한 귀결처럼 우리는 죽음을 생각한다.
그리고 그것은 내가 아직 누려보지도 못한
나의 모든 것을 빼앗아간다.
아직 많이 남은 '시간'이라는 기회와
'만남'이라는 축복,
'회복'이라는 은혜를 말이다.

내가 가장 잘한 선택 중 하나가
아마 더 살기로 한 결정이었을 것이다.
자녀들이 잘 성장했고, 내가 박사 학위를 받았고,
유명 강사가 되었고… 그래서 잘한 결정이 아니다.

내 삶이 얼마나 소중하고 아름다운 것인지,

나에게 주어진 시간이 얼마나 아까울 만큼 좋은지,
나로 살아가는 삶이 누구의 평가와 상관없이
얼마나 귀한 것인지 늦게 알았다.
몰랐던 그때 나를 말려주신 주님께 감사하다.
내가 그 음성에 귀를 닫아버리지 않았음에 감사하다.

당신이 누구든, 어떤 상태이든,
그 불행의 깊이가 어떠하든,
당신의 인생은 기회로 가득하다.
당신의 아름다운 시간을 스스로 자르지 마라.
그저 당신은 '당신'이어서 소중하다.
딱 한번 귀를 열어 내 말을 들어주길…
간절히 소망한다.

목차

추천사 **5**
들어가는 말 **6**

유혹 1. 자살충동
이 고통을 멈출 수만 있다면 _____ **12**
그것은 고통의 끝이 아니라 영원한 고통의 시작일 뿐이다

유혹 2. 복수심
되갚아주고 싶어 _____ **20**
최고의 복수는 '아무 일 없다는 듯 내가 잘 사는 것'이다

유혹 3. 도피
모든 걸 잊을 수만 있다면 _____ **28**
잊게 하는 능력은 하나님께 있다

유혹 4. 무너진 자존감
나는 아름답지 않아 _____ **36**
당신이 인정하든 안하든 전혀 상관없이 '당신은 아름답다'

유혹 5. 무가치함

나 없이도 잘 돌아가는 세상 ———— **46**

너무 많은 것을 받아온 당신이 이제는 줄 차례다

유혹 6. 두려움

이 세상을 살아가기가 두려워 ———— **54**

살아남아라. 하루를 살라. 그게 사명이다

유혹 7. 상실감

예전으로 돌아갈 순 없을 거야 ———— **64**

내가 가진 수백 가지 중 하나가 무너졌을 뿐, 내가 무너진 건 아니다

유혹 8. 소외감

누구도 날 사랑하지 않아 ———— **76**

당신은 '최소한' 신에게 사랑받는 존재다.

나가는 말 **84**

유혹 1
자살충동

이 고통을
멈출 수만 있다면

그것은 고통의 끝이 아니라
영원한 고통의 시작일 뿐이다

다른 그 무엇은 조금도 바라지 않았다.
그저 이 고통을 멈출 수만 있다면
그것으로 족했다.

Before you
decide to die

17층 난간에 올라섰을 때
내 모든 고통은 사라질 거라 생각했다.
그저 이 상황에서 벗어날 수만 있다면,
이 고통을 끊임없이 곱씹고 있는 내 생각이
없어질 수만 있다면
난 죽음을 택하겠다고 결심했다.

내 앞에 열린 모든 길을 버리고
주님만을 위해 살겠다고 맘 다지며
사모의 길로 들어섰다.
먹을 것 없고, 입을 것 없어도
교회 때문에 기쁘게 살 수 있었다.

주님께 모든 걸 건 인생,
이보다 더 명분 있는 올인이 있을까?

누릴 수 있는 모든 것을 버리고 택한 길이었다.
그런데 교회도 깨지고 가정도 깨졌다.
유형의 것들이 사라져도 무형의 열매가 남는다면
내 인생은 무의미하지 않을 거라 생각했다.
그런데… 그 무형의 것들도 무너졌다.
열매? 보람? 사람? 아무것도 남지 않았고,
아무도 위로해주지 않았다.

나만 죽으면 될 것 같았다.
그리고 다른 것은 아무것도 바라지 않았다.
그저 이 고통을 멈출 수만 있다면
그것으로 족했다.
난간에 섰다. 30여 년의 깊은 헌신과 신앙생활로도
그 유혹을 이기지 못했다.
누군가 그랬지,

죽을힘으로 살라고, 자식을 생각하라고….
그렇게 말하는 사람들…
쳇, 웃겨! 살 만한 형편인 게지.

독한 냉소를 내뱉는 순간, 이런 음성이 들려왔다.
"이게 고통의 끝일 거라고 생각하느냐?"

난 그 순간, 멈추었다. 그리고 생각하기 시작했다.
만약 이게 고통의 끝이 아니라 시작이라면….

죽음을 선택하는 순간 고통이 멈추는 게 아니라
영원한 고통이 시작되는 지옥으로 가게 된다면!

생각만 해도 끔찍했다.
내가 원한 건 고통의 종식이었다.
속았다.
생각이 멈출 거라는 것도,
고통이 사라질 거라는 것도 다 속임수였다.

난간에서 내려섰다.
더 깊고 무서운 고통,
그것도 멈출 수 없는 영원한 고통으로 가기 위해
자살을 선택하려던 것은 아니었다.
내가 원하는 것은 고통의 완벽한 종식이었다.

그러나 성경 어디에도 자살하는 자에게
천국을 허락한다는 구절은 없다.
그렇다면 생명의 주권자에게 도전한 나는
영원한 지옥에서 부활하게 될지도 모른다.
가장 두려운 부활이다.
상상할 수 없는 고통 속에서 영원한 시간을 살게 되는
운명 거기에 단 1%의 가능성도 열어놓을 수 없다.
지금도 견딜 수 없는데….
자전거를 피하겠다고 덤프트럭에 뛰어드는 것보다
더한 꼴 아닌가!
그나마 숨이라도 쉴 수 있는 지금이 더 나을 것이다.

자살!
그것은 고통의 끝이 아니다.
어쩌면 지독한 고통의 시작일지 모른다.
지금 당신이 그 위험한 문을 열려고 한다.
돌이킬 수 없는 궁극의 결정 속으로.

그 누구도 보장하지 않는 위험한 선택이다.
속지 마라.
당신이 원하는 것을 자살로는 얻을 수 없다.
그것은 위험한 도박일 뿐이다.

> 올바른 방법을 통해서만
> 누에고치는 나비가 될 수 있습니다.
> 죽음에도 올바른 방법이 필요합니다.

기도문

하나님 아버지,

하나님은 전능하시다 하는데
나는 왜 이리 고통 가운데 있어야 하는지요.
하나님은 선하시다 하는데 내 삶은
왜 이리 선한 길에서 멀어지는지요.
이 고통 속의 나를 쳐다보고는 계신지요.

벼랑 끝에 서 있습니다. 다른 길이 보이지 않습니다.
그러나 하나님께는 길이 있다고 믿습니다.
내 손을 붙잡아주소서.

이것이 내 인생의 끝이 아니라 말씀해주소서.
나도 살아남아 좋은 날을 볼 수 있게 하소서.
하나님을 잘 알지 못하지만
하나님 말고는 답이 없습니다.
마지막 남은 힘으로 하나님을 부릅니다.

사람의 끝이 하나님의 시작이라 하셨습니다.
이제 하나님이 일하실 때이니
도우소서! 나를 살리소서! 나를 건져주소서!
생명 되시는 예수 그리스도의 이름으로 기도합니다.
아멘!

유혹 2
복수심

되갚아주고 싶어

최고의 복수는
'아무 일 없다는 듯
내가 잘 사는 것'이다

"내가 이렇게 된 건 너 때문이야!
알아? 네가 날 이렇게 만들었어.
이 나쁜 인간아!"

**Before you
decide to die**

◆

누군가에게 복수하고 싶지만
그럴 능력이 없을 때
나는 나를 죽임으로써
상대를 고통스럽게 만들고 싶다.
내가 고통받은 만큼 고통스럽게 해주고 싶다.

'난 너 때문에 죽었어, 알아?
네가 날 죽인 거야, 이 나쁜 인간아!'
그렇게 평생 죄책감에 시달리게 만들고 싶다.
상대를 불행하게 만들기 위해
내가 할 수 있는 가장 강력한 건
이뿐이라고 생각한다.

하지만 내가 죽어도

누구 하나 나를 위해 울지 않을 것 같았다.

내 죽음은 그저 의미 없는 개죽음일 뿐

전혀 복수가 되지 않는다.

정말 누군가 때문에 죽는다면,

그리고 그 사람이 진짜 나쁜 사람이라면,

내 죽음은 그를 고통스럽게 만들 수 없다.

내 죽음 때문에 가장 큰 고통을 겪을 사람은
정작 나를 사랑했던 사람들뿐이다.

결국 난 사랑하는 사람에게

고통의 칼을 꽂는 것 말고는

아무것도 못하고 죽는 것이다.

불행하게도 당신의 죽음은

당신을 괴롭힌 그 누구에게도 복수가 되지 않는다.

내 소중한 목숨을 겨눈 칼날은 그놈이 아닌

그나마도 나를 위해주었던 사람들의 몫이 된다.
나를 해친 사람들을
가장 무기력하게 만드는 복수는
'아무 일 없다는 듯 내가 잘 사는 것'이다.
그것은 "너는 내게 어떤 영향력도 끼칠 수 없어!"를
증명하는 가장 강력한 메시지이기 때문이다.

지금 당장 증명할 필요는 없다.
우리에게 시간은 충분히 있으니 말이다.
복수를 원한다면 시간을 벌어야 한다.
너의 어떤 짓도 나를 망칠 수 없다는 것을
보여줄 시간 말이다.

내가 죽은 다음에 누가 얼마만큼 울어주느냐는
하나도 중요하지 않다.
그깟 눈물 몇 그램이 무슨 의미가 있는가.
눈물을 한 바가지나 흘려도
돌아서면 잊어버리는 게 인간이다.

인류는 늘 그렇게 살아왔다.
또 그래야 살아갈 수 있다.

누구도 당신이 죽기를 바라지 않는다.
아니, 조금 더 정확하게 말하자면
우리는 서로에게 그리 관심이 많지 않다.

자살을 위해 움켜쥐었던 당신의 칼날은
복수의 대상이 아닌
사랑의 대상을 겨누고 있다.
무관심을 빌미로 한 자살의 명분은
모든 인류가 가지고 있는 보통의 일상일 뿐이다.
당신이 남들의 무관심 때문에 자살을 선택한다면,
지금 당신의 친구도 당신의 무관심 때문에
죽어야 할지 모른다.

**그저 이 자리에 앉아만 있어 주십시오.
당신의 빈자리를 원하는 사람은 아무도 없습니다.**

하나님 아버지,

왜 나만 이런 어려움을 당해야 하는지요.
나보다 더 나쁘게 산 사람들이 얼마나 많은데
왜 나여야 하는지요.
하나님이 살아 계시다면 이렇게 불공평한 세상이
존재할 수 있을까요?
그러나… 이해할 수 없는 세상과 내 인생을
주님 앞에 가지고 갑니다.

억울하고 분한 내 마음을 잠재워주소서.
복수할 수 없기에 내 자신을 망가뜨려서
상대를 죄책감에 몰아넣으려는 생각을 떨쳐내게 하소서.
내 자신을 죽여서 상대를 고통에 몸부림치게끔 하려는
이 유혹을 이기게 하소서.
결국 나 자신만을 해칠 뿐
상대에게 아무것도 할 수 없다는 걸 알게 하소서.
살아남아서 당당하게
저들 앞에 설 수 있도록 도와주소서.

기도문

나를 붙들어주소서.
하루에도 수십 번 흔들리는
내 마음과 감정을 다스려주소서.
매순간 아버지 앞에 나아가오니,
내 마음을 굳건히 붙드시고
다시 살아갈 힘을 허락하소서.
이제 주님 밖에 의지할 곳이 없습니다.

불타는 복수심이 아니라
나를 향한 사랑으로 내 마음을 채우소서.
나라도 나를 사랑하게 하소서.
나의 어떠한 모습도 온전히 사랑해주시는
주님을 의지합니다.
그 하나님의 사랑으로 오늘 내가 살 수 있습니다.
나를 도우소서.

나의 힘이 되시는
예수 그리스도의 이름으로 기도합니다.
아멘!

유혹 3
도피

모든 걸
잊을 수만 있다면

잊게 하는 능력은
하나님께 있다

제정신으로는 살아갈 수가 없다.
생각을 멈추고 그저 곯아떨어져
아무 생각 없이 잠들 수 없을까?

Before you
decide to die

●

제정신으로는 살아갈 수가 없다.
밥을 먹을 수도, 잠을 잘 수도 없다.
어떻게든 잊고 싶은데 잊을 능력이 없다.
머릿속에 맴도는 생각을 도저히 멈출 길이 없다.

잠을 자면 악몽에 시달리고, 그나마 잠도 이룰 수가
없어 생각에 빠지면 떠오르는 영상들.
지나간 사건들과 그 이면에 대한 상상 때문에
눈물과 울부짖음만이 당신을 사로잡는다.
그래서 사람들은 잊고 싶어서 술을 마신다.
멀쩡하게 돌아가는 생각을 멈추고 그저 곯아떨어져서
아무 생각 없이 잠이라도 잘 수 있을까 싶어서다.

할 수만 있다면 머리의 뚜껑을 열고
차가운 물이 쏟아지는 호스를 들이대
나의 뇌를 씻어내고 싶다.
기억 상실증에라도 걸려 이 현실을 부정하고 싶다.
그래서 술을 찾게 된다.

하지만 술은 정신을 몽롱하게 할지는 몰라도
내 생각을 멈추게 할 수는 없다.
오히려 나의 고통을, 나의 외로움을, 나의 현실을
아주 더 깊고 강하게 느끼게 만든다.
내 이성을 마비시키고 내 감성을 최고조로 만들어
나를 더욱 비관하게 만들고
내 고통을 더욱 강렬하게 만드는 것!
그것이 술이 하는 일이다.

잊고 싶어 술을 찾지만,
실은 그 술이 볼록 렌즈가 되어
고통을 더 크게 보이게 한다.

그걸 원하는가?
지금의 고통도 부족해서,
그것을 더 크고 깊고 선명하게 느끼려 한단 말인가?

인간의 뇌에는 검색 기능이 있다.
그래서 어떤 생각 하나를 떠올리면
그와 관련된 주변의 것들이 다 검색되어 생각난다.
고통스러웠던 한 사건을 떠올리면 그와 연관된
온갖 종류의 비참한 사건들이 검색되고 또 검색된다.

땅 속에서 고구마를 캐어내듯,
하나의 아픈 기억은
줄줄이 꾸러미로 따라 올라와
내 인생이 온갖 고통으로
가득차 있음을 증명한다.

고통에서 벗어나고 싶다면
그것을 생각하며 지우려 해서는 절대 불가능하다.

생각하는 순간, 이미 지는 것이다.
전혀 다른 문제로 관심을 돌려야 한다.

죽을힘을 다해 밖으로 뛰쳐나가
전혀 다른 것을 보고, 느끼고, 행해야 한다.
그래야 살아남을 수 있다.

술 마시는 것을 멈춰라.
그래야 그곳에서 헤어나올 수 있다.

고통스러워 술을 마신다는 건 모순이다.
몽롱한 볼록 렌즈를 끼고
더 깊은 고통을 음미하고 있으니 말이다.
그건 당신이 진정 원하는 삶이 아니다.

**술은 당신의 고통을 더 깊게 할 뿐입니다.
잊게 하는 능력은 하나님께 있습니다.**

하나님 아버지,

아무것도 할 수 없는 힘겨운 지경 가운데 있습니다.
잊고 싶어도 잊을 수 없어 고통스럽습니다.
술 없이는 잠을 잘 수도 없습니다.
끊임없이 맴도는 생각을 멈추게 해주옵소서.
이 늪에서 빠져나오게 도와주소서.

나의 힘으로 어찌할 수 없음을 고백합니다.
술을 마시지 않겠다 하고는
다시 마시는 일의 반복입니다.
아버지의 도움이 필요합니다.
힘들고 괴로운 생각에서 벗어나
맑은 정신으로 다시 시작할 수 있도록 제발 도와주소서.

내 삶이 아직 다 끝난 게 아님을 믿게 하소서.
최악의 것만을 향해 뻗어가는 생각을 멈추고
죽을힘을 다해 내면의 소용돌이에서 뛰쳐나와
살게 하소서.

기도문

주님은 생명이라 하셨습니다.
주님은 능력이라 하셨습니다.
내게 그 생명의 힘을 부어주소서.
주님을 부여잡고 일어나게 하소서.
주님의 그 강한 손으로 나를 붙잡아주소서.

나의 소망되시는
예수 그리스도의 이름으로 기도합니다.
아멘!

유혹 4
무너진 자존감

나는 아름답지 않아

당신이 인정하든 안하든
전혀 상관없이 '당신은 아름답다'

"너는 민들레야"라고 누가 말해줘야
민들레가 되는 것이 아니다.
민들레는 그냥 원래 민들레다.

Before you
decide to die

산의 푸르름을 바라볼 때,
가벼이 흩어지는 구름 아래로 새들의 노래가 들릴 때,
우리는 온 우주가 아름다움을 담고 있음을 깨닫는다.
나도 그것을 인정한다.
그런데… '나는 아름답지 않다.'

아무도 나를 아름답다 하지 않는다.
무엇보다,
내가 나를 아름답다고 느끼지 못한다.
오랜 시간 신앙생활을 하며
다른 모든 것은 인정해왔지만
나 자신을 아름답다 생각하여 감사한 적이 없다.

거울을 바라보면 흠잡을 것투성이다.
나는 왜 이렇게 생겼는지,
나는 왜 칭찬받지 못하는지,
나는 왜 이리 못났는지.
남들은 가진 것도 많은데 나는 가진 것조차 없는지.
다른 사람이 아름답다는 것은 인정하겠다.
하지만 아무리 뜯어봐도 나는 아름답지 않다.

그게 정말 맞는 판단이라면 난 피조물이 아니다.
왜냐하면 하나님의 피조물은
다 아름다움을 가지고 있기 때문이다.
그것은 우주의 대전제이고 진리다.

당신의 아름다움을 스스로 인정하지 못한다면,
일단 이 질문에 답해보라.
"당신은 하나님의 피조물 가운데 하나인가?"
설마… 당신이 신이라고 생각하지는 않겠지.
만약 신이라는 생각이 든다면

지금 당장 정신과 진료를 권한다.
누구든 예외 없이 하나님의 피조물이다.
당신도 절대 예외는 아니다.

당신은 다른 사람들처럼
수많은 하나님의 피조물 중 하나다.
그렇다면, 당신은 아름답다.

당신이 인정하든 안하든 전혀 상관없이
'당신은 아름답다.'

하나님의 피조물은,
특별히 하나님의 손으로 직접 만들어진
인간이라는 피조물은 어느 한 사람도 예외 없이
모두 아름다움을 가지고 있다.
이것은 성경에 기록된 진리다.
아직 보이지 않을 수 있다.
다만 당신에게 발견되지 않은 것이다.

난 순교도 할 만큼의 믿음을 가지고 있었다.
하지만 너무도 단순한 이 진리를
믿는 믿음은 없었다.
우리는 하나님의 피조물 안에 있는 아름다움을
제거할 능력이 없는 인간이다.
다시 말해서 당신은 당신 안에 있는
아름다움을 없앨 능력이 없다.

'난 아름답지 않아'라고 당신 자신에게
기만당하고 있다.
아니, 이만큼 사탄적인 음성은 없다.
당신 때문에 당신이 아름다운 것이 아니다.
하나님 때문에 당신은 아름다운 존재다.
단지 그의 형상을 닮은 그의 피조물이기 때문에.
신의 형상을 가진 것만으로도 충분히 귀하다.

당신은 주변 사람들을 보며 아름답다고 칭찬했던가?
아마도 아닐 것이다.

다른 사람들도 마찬가지다.
그저 분주하거나 쑥스러워서
당신을 아름답다 말할 여유가 없다.
당신도 해주지 않는 말을 다른 사람에게
기대하지 마라.
그들의 기준에 나를 맞추지 마라.
절대 변하지 않는 진리의 기준에 귀 기울이라.

우리가 서로에게 말을 하든 안하든 상관없이,
우리는 아름다운 존재라는 게 사실이니까.
"너는 민들레야"라고 누가 말해줘야
민들레가 되는 것이 아니다.
민들레는 그냥 원래 민들레다.
그걸 믿는 게 믿음이다.

지금 당신에게는 순교하는 믿음보다,
이 사실을 믿는 것이 더 위대한 믿음이다.
당신은 지금 그것을 알아볼 수 있는 시력이 없다.

믿음이 생겨야 비로소 당신의 아름다움을
인식할 시력이 생길 것이다.

의미 없는 하나님의 피조물은 없습니다.
당신은 아름답습니다.

하나님 아버지,

온 세상을 아름답게 만드셨다 하는데,
나는 전혀 아름다운 것 같지 않습니다.
누구도 나에게 관심을 두지 않는 것 같아
외롭고 고독합니다.
하나님 아버지,
하나님이 만드신 것은 모두 아름답다 하셨으니
내 존재도 아름다운 줄 믿습니다.
이 사실을 받아들이게 하소서.

누구에게 인정받기 위해서가 아니라
내가 먼저 나를 인정하게 하소서.
누군가의 인정에 따라 나의 존재 가치가
왔다 갔다 하는 것이 아니라
나는 나로서 있는 모습 그대로
존귀하고 소중하다는 것을 인정하게 하소서.
사람들이 뭐라 해도 그 말들에 속지 말게 하소서.
나를 만드신 하나님의 음성에만 귀 기울이게 하소서.

기도문

누구보다 나를 사랑하시는 하나님의 그 사랑을
가장 먼저 받아들이겠습니다.
신이신 하나님이 나를 사랑하셨으니
나는 놀라운 가치를 지닌 존재입니다.
그 하나님의 사랑이 나를 더 아름답게 할 줄 믿습니다.
이제 누군가의 사랑을 갈망하기 전에
내가 먼저 나를 사랑하고 귀히 여기겠습니다.

오늘의 내 모습을 그대로 인정하고 받아들이며
감사하기 원합니다.
주님, 나를 떠나지 마시고 나를 붙들어주소서.
두려워 말게 하시고 담대하게 하소서.
사람들 앞에 당당하게 하시고 부끄러워 말게 하소서.
나는 하나님의 자녀이며
아버지의 가장 사랑받는 자입니다.
나를 사랑하시는 예수 그리스도의 이름으로 기도합니다.
아멘!

유혹 5
무가치함

나 없이도
잘 돌아가는 세상

너무 많은 것을 받아온 당신이
이제는 줄 차례다

'내가 사라져도
이 세상은 잘만 돌아가겠지?'
이런 생각을 하고 있다면
당신은 참 복 받은 사람이다.

**Before you
decide to die**

🌢

모두가 내게 무관심하다.
내가 이렇게 아무것을 하지 않아도,
아니 아무것도 할 수 없을 만큼 무력해져 있어도
끄떡하지 않으니…
내가 사라져도 모르겠지.

난 쓸모없는 존재다.
이렇게 나 없이도 잘 돌아가는 세상,
내가 뭐 하러 이 땅에 살아남아 있나?
나를 필요로 하는 사람은 하나도 없다.
아니, 어쩌면 내가 없어야 더 잘 될지도 모른다.
그러니 난 살 가치도 없다.

만약에 당신이 이런 생각에 사로잡혀 있다면,
당신은 참 복 받은 사람이다.
이제껏 많은 것을 받으며 살아온 사람임에 틀림없다.

사람은 살면서 수없이 많은 것들을 필요로 한다.
아침에 일어나서 잠자리에 들기까지.
온갖 옷이며 먹거리며 살림살이에 학용품과 용돈,
자질구레한 모든 것을 상상해보라.
하루 종일 당신의 행동반경 안에서
당신의 손을 거쳐가는 것들을 생각해보라.

당신은 어떻게 지금까지 살아왔을까?
죽어도 다른 사람에게 아무 영향력이 없는 존재라면
당신은 그동안 참 편하게 살아왔나보다.
아무것도 하지 않아도
누가 당신에게 뭔가를 해내라고 독촉하지 않았다면
당신은 다른 사람들로부터 필요를 공급받아오기만 한
삶이었나보다.

누군가 당신의 필요를 채워줬다면 왜 그랬을까?
당신이 존재해주는 것만으로도 기쁘고 감사해서
그리해준 건 아닐까? 부모들의 마음처럼 말이다.

당신을 누구 하나 필요로 하지 않는다는 건,
당신이 없어도 누구 하나 불편해하지 않는다는 건,
당신이 다른 사람들에게 제공한 것이
별로 없다는 말이다.

당신은 얼마나 많은 사랑을 받으며
살아온 존재인가.
'내가 사라져도 괜찮겠지'라고 생각한다면
혹시 당신은 자신이 갚아야 할 시점으로부터
뒷걸음질치고 있는 건 아닌가!
어쩌면 은혜를 갚고 고마움을 표하기 위해
반드시 살아남아
무언가를 제공해야 할 시점은 아닌가!

당신이 없어도 잘 돌아가는 세상,
당신이 필요 없어서가 아니다.
당신이 그들을 위해
뭔가 하려고 하지 않아서다.

그들은 당신이 뭔가 해주길 기다리고 있는데,
지금 당신이 하려는 건
당신의 존재마저 사라지게 하겠다는 것이다.
그것도 주변의 몇몇 사람들에게
일시적으로 외면받고 있다는 이유로 말이다.

사람들은 당신이 뛰어들어
필요를 채워주기를,
짐을 덜어주기를 기다리고 있다.

**이제껏 너무 많은 것을 받고만 살아왔습니다.
이제 당신이 줄 차례입니다.**

하나님 아버지,

이 세상이 나 없이도
너무 잘 돌아가는 것 같아 죽고 싶습니다.
나에게 관심도 없고 기대하는 것도 없어 보입니다.
그래서 너무 외롭고 힘이 듭니다.
아버지, 내게 오셔서 내 모든 공허함을 채워주소서.

내 입장에서만 생각하는
모든 시선을 돌리기 원합니다.
이제까지 나를 채워주었던
모든 혜택을 기억하고 감사하게 하소서.
그동안 내가 살아오면서 받았던 수많은 도움들을
기억하기 원합니다.
어쩌면 내가 주려고 노력하지 않았기 때문에
그들이 내게 아무런 기대를 하지 않았던 건
아닐까 생각해봅니다.
관심받기를 바라기 전에
내가 먼저 관심을 주어야 했던 것은 아닌지요.

기도문

다른 관점으로 이 세상을 바라보게 하소서.
나의 가족들과 친구들…
나를 사랑했던 사람들을 기억하게 하소서.
그들이 얼마나 나를 돕기 원했는지
그 진심을 떠올리게 하소서.
내 주변에 널려 있는 수많은 사랑의 조각들을
다 쓸어버리고 내 외로움을 하소연하는 데만
온 신경을 쏟았던 건 아닌지 돌아보게 하소서.

오늘 주님 앞에서 다시금 나를 바라보기 원합니다.
받기를 바라기 전에 나는 얼마나 주었는지 돌아봅니다.
사랑을 받지 못했다면 사랑을 주려고 노력하겠습니다.
받아서 회복하려 하지 않고 주면서 회복하려 하겠습니다.
용기를 내어 내가 손을 내밀게 하소서.

나의 힘이 되시는
예수 그리스도의 이름으로 기도합니다.
아멘!

유혹 6
두려움

이 세상을
살아가기가
두려워

살아남아라
하루를 살라
그게 사명이다

죽어라 노력해도
안 되는 세상이라면
내가 뭘 할 수 있을까?

**Before you
decide to die**

매일 똑같은 악몽에 시달렸다.
흙먼지를 날리는 바람이 뺨을 세차게 내리치고,
어두워서 아무것도 보이지 않는 광야에
나 홀로 서 있다.

사방을 둘러봐도
어느 쪽으로 길이 나 있는지 가늠할 수 없다.
몰아치는 흙바람과 날리는 머리카락에
얼굴이 따가워 눈을 뜰 수도 없다.
'나는 어디로 가야 하지?
어디로 가야 집을 찾을 수 있는 거야?'
누군가의 그림자도 보이지 않는 대지 위에 서서

부모 잃은 고아처럼 서럽게 울다가 잠을 깼다.

그렇게 똑같은 꿈을 꾸며 3년의 시간을 보냈다.
방탕하다 고난을 당하면
주께로 돌아가는 것이 답일 것 같은데,
주 안에 있다가 고난을 당하니
어디로 가야 할지 몰랐다.
내가 할 수 있는 것은 아무것도 없었다.
바람을 잠잠하게도, 어둠을 거둘 수도 없었다.

침대 위를 시계바늘처럼 돌며 짐승처럼 울부짖었다.
기도도 아니고 그저 고통의 외침이었다.
'아! 이런 게 세상이라면….'
내가 다시 시작한다고 한들
똑같은 세상을 또다시 살아나가는 게
두려웠다.
그렇게 노력하며 살았는데,
이렇게 죽어라 노력해도 안되는 게 세상이라면

내가 뭘 할 수 있을까?

그때 주님의 음성이 들려왔다.
"살아만 있어다오.
그저 숨만 쉬고 살아남아다오."

내가 할 수 있는 건 아무것도 없었지만
할 수 있는 것 한 가지가 남아 있었다.
살아남는 것!
그것이 나의 사명이었다.

그간 비전에 몸 바쳐 달리며
그 사명을 위해 살아왔지만,
지금 내가 해야 하는 사명은 오직 하나,
살아남는 것이었다.

그때부터 나는 '하루'를 살았다.
1년 뒤, 한 달 뒤, 일주일 뒤를 생각하는 것이

두려웠다.
소망, 기대감 같은 건 없었다.
어떤 것도 소망으로 보이지 않았으니까.
그래서 '하루'만 살았다.
오늘 하루는 살 수 있어.
내가 할 수 있는 유일한 역량이었다.
하루 숨 쉬고 있는 것!

그렇게 다음 날 눈을 뜨면
난 또 그 하루를 살았다.
그렇게 지금 9년을 살아왔다.

멋진 자동차를 몰 때는 멀리 바라보게 되지만,
무거운 리어카를 끌 때는 코앞의 땅만 바라보게 된다.
그만큼 힘들기 때문이다.

고난이 닥쳤을 때 멀리 보려 하지 마라.
정말 독한 고난은

어떤 소망도 허락하지 않기 때문이다.
그때에는 미래를 생각할수록 더 고통스러워진다.

당신은 지금 내일을 생각할 여유가 없다.
먼 미래를 생각하면 두려워 죽고만 싶어진다.
살아갈 수 없을 것 같다.
그러나 당신, 오늘은 살 수 있다.
그저 오늘 하루만 살자.
지금 한 시간만 살아남자!
매일 그냥 '오늘'만 살면 된다.
오늘을 살 힘 정도는 누구에게나 있지 않은가!

내 발등에만 비취는 빛을 보고 다른 데는 보지 마라.
주님이 이 돌풍을 잠재우실 때,
그때가 되면 일주일 후, 한 달 후를 볼 수 있을 것이다.
그때가 언제일지도 상상하지 마라.

그렇게 하루, 또 하루 살아남다보면

언젠가 자살의 결심을 잊어버리는 날이 올 것이다.
살 만해지는 바로 그날이 올 것이다.
인간에게 가장 위대한 사명은
오늘 하루를 살아내는 존재적 사명이다.

**죽고 싶은 당신의 이 하루를
십자가 안에서 견디십시오.**

하나님 아버지여,

오늘을 사는 것이 너무나 힘이 듭니다.
숨을 쉴 수조차 없는 고통으로 몸부림칩니다.
누구도 나의 고통을 알 수 없고, 미래가 보이지 않습니다.
이 답답함을 가지고 어떻게 살아가야 할지
길을 보여주소서.
지금 나를 어디로 부르시는지 알게 하소서.

아버지여, 나로 살게 하소서.
살아갈 힘을 주소서.
그리고 나의 진정한 사명이
바로 살아남는 것임을 믿게 하소서.
오늘 하루만큼은 숨쉬며 견디게 하소서.
그래서 내일은 아주 조금이라도 나은 날을 주소서.

막다른 골목에서 주님을 만납니다.
사람들이 돌을 들어 나를 죽이려 해도
주님은 그것을 가로막아 나를 살리시는 분임을 믿습니다.
나의 모든 수치와 고통을 건지시는 주님께
나의 인생을 내어 맡깁니다.
주여, 지금 나를 불쌍히 여겨주소서.

기도문

오늘을 견디기 위해 주님의 품으로 달려갑니다.
몇 천 번이라도 주님의 품에 안기기 원합니다.
갈 곳 없을 때 언제나 나를 기다리며
부둥켜 안아주시는
그 품으로 달려갑니다.
아버지여! 아버지여! 나를 품어주시고 살려주소서.
살고 싶습니다. 견디고 싶습니다.

나의 안식처 되시는
예수 그리스도의 이름으로 기도합니다.
아멘!

유혹7
상실감

예전으로
돌아갈 순 없을 거야

내가 가진 수백 가지 중 하나가 무너졌을 뿐,
내가 무너진 건 아니다

"돌아갈 방법이 없는데… 어떡하지?"
상실된 그곳에서 당신의 시선을 돌려라.

사람들의 대접과 태도가 순식간에 달라졌다.
당황스러울 만큼 그렇게 달라졌다.
내게 닥친 일이 자의든 타의든 상관없이
주어진 결과에 대한 사람들의
눈빛, 말투, 태도와 입장이
하늘과 땅만큼의 차이로 바뀌었다.
나는 잘못한 것이 없는데….

'아… 이런 거구나.
사람들이 규정짓는 나는
결국 나 자신이 아니라 내 위치였구나.'
그것이 학교 성적이든, 사업이든, 가정이든, 성과든

내가 이전의 위치로 회복되지 않는 한
지금의 고통은 끝이 없겠구나 싶었다.
어떻게 회복하지?
방법이… 없는데…
이미 엎질러진 물인데….

불가능한 일이었다. 회복할 길이 없는 일이었다.
내 노력으로 할 수 없을 때는 더 소망이 없다.
그렇다면 나를 아는 사람들이 이 땅에 존재하는 한
이 고통을 멈출 수 없단 말인가?
회복할 수 없다면 내 모멸감은 끝나지 않을 텐데….
그럼 이 땅을 떠나야 하는 것인가?
내가 사라져야 이 모멸감의 끝이 오는 걸까?

그렇지 않다.
그 반대다.
이 땅에 존재해야 회복할 수 있다.
이 땅에서 사라지면 회복은 없다.

누군가 나를 외모로만 평가한다면 난 실패자인가?
누군가 나를 돈의 가치로만 따진다면 난 실패자인가?
그 누군가 나를 학교 성적으로만 본다면
난 실패자인가?
누군가 나를 성폭행 피해자로만 본다면
내 인생이 끝난 것인가?

한 사람의 인생을 구성하는 요소는 수백, 수천 가지다.
그중 하나에 실패했을 뿐이다.
누군가에게는 실패라 여겨지지도 않을 그 하나!
전쟁 중 살아남기만을 바라는 누군가에게는
아무 의미 없을 그 하나, 다만 인생의 일부분 말이다.

35등을 하는 학생에게 28등은
고마운 성적일지도 모른다.
수십 번 바람을 피워온 남편을 둔 사람에게
다른 남편의 한 번 외도는 다행인지도 모른다.
한 번도 월급을 받아보지 못한 사람에게

사업의 실패는 단지 멋진 성공의
한 그림자일지도 모른다.

한두 번의 실패로 잃어버린 것들은
남은 많은 것들의 건재함을 보임으로써
충분히 회복할 수 있다.
깨어진 그릇을 완벽하게 재생함으로 회복하는 것이
아니라 전혀 다른 더 아름다운 그릇을 만듦으로
회복하는 것이다.

지금의 고통이 멈추길 원한다면
일단 살아남아야 한다.
살아남아야 고통을 멈출 수 있다.
살아남아야 다른 것을 보여줄 수 있다.

당신의 다른 것을 회복함으로써
혹은 아직도 내게는
가진 게 많다는 걸 보임으로써 말이다.

무너진 영역에서 눈을 떼는 순간
회복할 수 있다.

그게 10년이 될지, 3년이 될지, 한 달이 될지,
혹은 고작 일주일이 될지는 아무도 모른다.
하지만 분명한 것은
지금의 고통이 언젠가는 반드시 끝난다는 사실이다.
나에 대한 태도가 돌변했던 그들과
나는 똑같은 시선을 가졌었다.
그래서 창피했고, 두려웠고,
그들의 시선이 고통스러웠다.

결국 나도 똑같은 기준으로 나를 평가했다.
'나는 실패자야, 이 뒤떨어지는 인간….'
그래서 실패를 만회하지 않는 이상
난 살 가치가 없다고 확신했다.
그러나 그건 거짓말이다.
철저히 거짓말이고, 지극히 즉흥적이다.
그들에게 얽매어 있던 끈을 풀어버려라.

내가 실패했다면,
그 실패한 영역을 유지하기 위해
그동안 소홀히 했던 내 삶의 수많은 영역들을
비로소 돌아볼 시간이 된 거다.

명심하라!
그저 내 인생의 수백 가지 중
하나가 무너졌을 뿐,
내가 무너진 건 아니다.
소중한 것들이지만 그건 다만 내 일부에 불과하다.

그들과 공범이 되어 자신을 손가락질하지 마라.
그들의 달라진 태도에 동조하지 마라.
그것 이외에 당신이 잘할 수 있는 수백 가지를
시작함으로써 회복의 길로 들어서라.

상실의 지점에서 당신의 시선을 돌려라.
당신이 잃어버린 것 말고,

당신이 가진 것을 바라보며
다시 힘을 내라.

그 길의 끝에서만
우리는 회복을 얻을 수 있기 때문이다.
이 땅을 살아가는 사람들 중 어려움을 겪지 않는
사람은 단 한 명도 없다.

그리스도인도 예외는 아니다.
그런데 왜 교회에 가고 예수를 믿을까?
바로 죽음 이후의 천국을 얻기 위해서다.
또한, 믿음으로 그 천국을 이미 소유한 사람들에게는
이 땅에서의 고난조차도 축복의 디딤돌이 된다.
고통이 없어서가 아니라 고통 너머에 있는
축복을 보는 법을 배웠기 때문이다.

누구나 '고통의 종식',
완벽한 행복과 평화를 원하지 않는가.

예수 그리스도께 기대어
이 땅의 삶을 완수한 다음,
우리는 완벽한 고통의 끝을
영원히 누리게 될 것이다.
살아남아 기다린다면
지금의 고통은 반드시 끝난다.

그래서 우리는 반드시! 반드시!
보장된 영원한 천국에 가야 하는 것이다.

**안전한 천국의 바다로 옮겨지기 전에
스스로 물 밖으로 나오지 마십시오.**

하나님 아버지,

잃어버린 모든 것을 찾을 길 없어 주님 앞에 나아갑니다.
그것 하나 가지고 있다 생각했는데
이제 그것마저 잃어버리고 빈손입니다.
나는 어찌 살아야 합니까?
이제 무엇으로 살아야 합니까?
회복 불능의 상황에서 나는 어떤 노력을 해야 합니까?

아버지, 내가 가야 할 길을 보여주소서.
회복으로 가는 길이 어느 길인지 알게 하소서.
어디서부터 다시 시작해야 하는지 알게 하소서.
남들은 다 가진 것처럼 보이는 이 고통에서
벗어나게 하소서.
남들과 비교하며 스스로를 멸시하는 이 부끄러움에서
벗어나게 하소서.

이제 내 모든 시선을 하나님께 고정합니다.
다른 사람들과 비교하지 않고 지금 내게 있는 것부터
다시 찾아보겠습니다.

기도문

아무것도 없다는 거짓말에서 헤어나와
이미 가지고 있는 많은 것들을 돌아보겠습니다.
모든 것을 가지신 하나님을 의지하며
다시 일어서기 원합니다.
잃어버린 것에 집착하지 않고
가진 것을 더 잃어버리지 않게 하소서.
이미 가진 것들에 감사하게 하소서.

더 없는 자들도, 더 잃은 자들도 꿋꿋이 사는데
좌절하지 말게 하소서.
남들과 비교하며 불행해하지 말고,
내 인생에 이미 주어진 것을 누리게 하소서.
내 인생 전체의 실패가 아니라
아주 일부분의 실패임을 받아들이게 하소서.
나는 소중한 존재임을 믿습니다.

나의 힘이 되시는 예수 그리스도의 이름으로 기도합니다.
아멘!

유혹8
소외감

누구도
날 사랑하지 않아

당신은 '최소한' 신에게
사랑받는 존재다

지금까지 일방적으로 당해온
아픔과 상실이 나를 만들고
그 모습이 나의 참모습이라고
믿고 있는가?

Before you
decide to die

◆

때론 사랑받지 못한다는 말이
맞을 수도 있다.
어떤 사람은 부모도 없이 버려진 채로
온갖 고초를 겪으며 살아간다.
그런 사람은 '난 정말 사랑받지 못하는 존재야'라는
생각이 저절로 생길 것이다.

자신의 불우한 출생부터 굴곡진 성장 과정,
불행한 결혼…
이 모든 일들이 그 사실을 증명한다고 여길 것이다.
어떤 이들은 계속 버림받았기 때문에,
어떤 이들은 폭력과 방치

혹은 무시와 비난 속에 살면서
자신의 가치를 찾을 수 없었을지도 모른다.

길을 걷다보면 갑자기 거칠게 지나가는
낡은 트럭의 매연이 내 얼굴을 덮을 때가 있다.
고개를 돌려 가능하면 그 매연을 마시지 않으려고
노력하지만 나는 공기를 선별해서 마실 수 없다.

어쩌면 그렇게 일방적으로 당해온
아픔과 상실이 지금의 나를 만들고
그것을 내 참모습이라고
믿고 있지는 않은가?

하지만 지금까지 우리가 살아 있는 건
그 수많은 난폭한 트럭들의 매연 속에서도
나를 살게 하는 맑은 공기가 있었기 때문이다.
매캐한 냄새가 내 코를 괴롭혔지만
맑은 공기도 함께 들이마셨기 때문이다.

하나님의 사랑은 이런 맑은 공기와 같다.
당신은 매연을 선별해서
거부할 능력이 없듯이,
하나님의 사랑 또한 선별해서
거부할 능력이 없었다.
그래서 지금 살아 있는 것이다.

결국 하나님을 믿는 자나 믿지 않는 자나
모든 인간은 하나님의 사랑이라는
맑은 공기를 마시며 살아가고 있다.

누구도 예외 없이
이 땅에 가득한 하나님의 사랑을 거부할 수 없다.
당신이 확신하는 것처럼,
어쩌면 당신은 다른 사람들에게
사랑받지 못하는 존재인지도 모른다.
그러나 설령 그렇다 할지라도
당신은 신의 사랑을 받고 있다.

참 신인 하나님이 당신을 사랑하신다.
만약, 당신이 그것을 인정하기만 한다면
느끼게 될 것이다.

당신은 최소한 신에게 사랑받는 존재다.
그리고 그 하나님은 어떤 인간들처럼
당신을 버리거나 학대하거나 무시하지 않고
끝까지 사랑하실 것이다.

당신은 분명 이 세상에서 단 하나밖에 없는
소중한 존재다.
'최소한'이라는 표현이 너무 적절하지 않은
과분한 신의 사랑을 받고 있기 때문이다.

> 이 세상은 하나님의 공기로 가득합니다.
> 거부할 수 없는 사랑…
> 그 사랑이 오늘도 당신을 지키고 있습니다.

하나님 아버지,

나의 인생은 왜 이리도 불행의 연속인지요.
납득할 수 없는 일들이 왜 내게만 일어나는지요.
내가 뭘 그리 잘못했다고 고난은 나에게만 오는지요.
남들은 다 잘 사는 것 같은데 나는 어려움의 연속입니다.
하나님은 나를 돌아보지 않으십니까?

사람과 마찬가지로 하나님도 나를 버리신 것입니까?
내 마음속에 끌어 넘치는 이 억울함을 들어주소서.
나에게 귀 기울여 주소서.
아버지여 나의 기도를 들어주소서.
이 고통에서 벗어나고 싶습니다.

아닌 줄 알면서 모든 원망을 하나님께 돌리는
나를 용서하소서.
하나님의 사랑은 부족함이 없다 하는데
나는 잘 모르겠습니다.
나를 찾아와주소서.
아버지의 사랑을 알게 하시고 느끼게 하소서.
살아 계신 하나님을 만나게 하소서.

기도문

아들 예수님을 죽이기까지 사랑하신 그 사랑이
내 마음에 와닿게 하소서.
믿어지게 하소서. 받아들여지게 하소서.
내가 받은 그 신의 사랑이 얼마나 위대한 것인지
깨달아 회복하게 하소서.
그리고 그 순간 내 모든 원망이 사라지고
하나님을 찬양하게 하소서.
나를 만나주소서.
그 사랑 안으로 들어가기 원합니다.

나를 구원하신 예수 그리스도의 이름으로 기도합니다.
아멘!

나가는 말

이 점에 대해 우리가 무엇이라고 말할 수 있겠습니까?
하나님께서 우리 편이시라면
누가 우리를 대적하겠습니까?

자기 아들까지도 아끼지 않고
우리 모두를 위해 내어 주신 분께서
그 아들과 함께 우리에게 모든 것을
은혜로 주지 않으시겠습니까?

하나님께서 택하신 사람들을
누가 고소할 수 있겠습니까?
의롭게 하시는 분은 하나님이신데,
누가 감히 죄가 있다고 판단하겠습니까?
죽으신 분은 그리스도 예수이십니다.

Before you decide to die

그분은 죽으셨을 뿐만 아니라,
다시 살아나 하나님의 오른편에 앉아 계시면서
우리를 위해 중보 기도를 하고 계십니다.

누가 우리를 그리스도의 사랑에서
끊을 수 있겠습니까?
환난입니까?
아니면 어려움입니까?
핍박입니까?
그렇지 않으면 굶주림입니까?
헐벗음입니까?
위험입니까?
아니면 칼입니까?

성경에 기록된 것처럼,
"우리는 하루 종일 주님을 위해
죽음에 직면하고 있습니다.
우리는 도살당할 양과 같은 대접을 받았습니다."

그러나 우리는 우리를 사랑하신
하나님을 힘입어 이 모든 것을
이기고도 남습니다.

나는 확신합니다.
죽음이나 생명이나,
천사들이나 하늘의 권세자들이나,
현재 일이나 장래 일이나, 어떤 힘이나,
가장 높은 것이나 깊은 것이나,
그 밖의 어떤 피조물이라도

Before you decide to die

우리를 우리 주 그리스도 예수 안에 있는
하나님의 사랑에서 끊을 수 없습니다.

(로마서 8장 31-39절, 쉬운성경)

> 누가 우리를 그리스도의 사랑에서 끊을 수 있겠습니까? …
> 어떤 피조물이라도 우리를 우리 주 그리스도 예수 안에 있는
> 하나님의 사랑에서 끊을 수 없습니다.

사명선언문

너희가 흠이 없고 순전하여……세상에서 그들 가운데 빛들로
나타내며 생명의 말씀을 밝혀 _ 빌 2:15-16

1. 생명을 담겠습니다
만드는 책에 주님 주신 생명을 담겠습니다.
그 책으로 복음을 선포하겠습니다.

2. 말씀을 밝히겠습니다
생명의 근본은 말씀입니다.
말씀을 밝혀 성도와 교회의 성장을 돕겠습니다.

3. 빛이 되겠습니다
시대와 영혼의 어두움을 밝혀 주님 앞으로 이끄는
빛이 되는 책을 만들겠습니다.

4. 순전히 행하겠습니다
책을 만들고 전하는 일과 경영하는 일에 부끄러움이 없는
정직함으로 행하겠습니다.

5. 끝까지 전파하겠습니다
모든 사람에게, 땅 끝까지, 주님 오시는 그날까지
복음을 전하는 사명을 다하겠습니다.

서점 안내

광화문점 서울시 종로구 새문안로 69 구세군회관 1층
02)737-2288 / 02)737-4623(F)

강남점 서울시 서초구 신반포로 177 반포쇼핑타운 3동 2층
02)595-1211 / 02)595-3549(F)

구로점 서울시 동작구 시흥대로 602, 3층 302호
02)858-8744 / 02)838-0653(F)

노원점 서울시 노원구 동일로 1366 삼봉빌딩 지하 1층
02)938-7979 / 02)3391-6169(F)

분당점 경기도 성남시 분당구 황새울로 315 대현빌딩 3층
031)707-5566 / 031)707-4999(F)

일산점 경기도 고양시 일산서구 중앙로 1391 레이크타운 지하 1층
031)916-8787 / 031)916-8788(F)

의정부점 경기도 의정부시 청사로47번길 12 성산타워 3층
031)845-0600 / 031)852-6930(F)

인터넷서점 www.lifebook.co.kr